라브리 작은책
4

기독교와 정부
그리고
시민불복종
미국의 정치적 · 세계관적 변화를 중심으로

프란시스 쉐퍼 지음
김종철 옮김

예영커뮤니케이션

이 글은 프란시스 쉐퍼가 1981년에 행한 강연
'The Christian and Government (L' Abri
Cassettes No. 157. 4)'를 번역한 것입니다.

김종철 고려대학교 법학과 재학

차 례 ━━━━━━

오늘의 주제는 기독교와 정부 그리고 시민불복종에 관한 문제입니다. 이 문제는 다소 광범위하지만 향후 여러 해 동안 미국이나 여러 나라에서 기독교인들에게 중요한 문제가 될 것이므로, 오늘은 그 기초에 대해 생각하고자 합니다.

세계관의 변화

미국에서는 지난 80여 년 간 사회와 국가에 대한 문제들을 전체적으로 보기보다는 단편적으로 보아 왔습니다. 그 결과 기독교 세계관으로부터 인본주의 세계관으로의 변화가 있었다는 것을 주시하지 못했습니다. 즉 국민들의 사고의 축이 기독교 세계관에서 인본주의 세계관으로 바뀌었습니다. 인본주의적 세계관이란 비인격적 물질적 에너지가 모든 존재하는 것의 궁극적인 진리이고 우연에 의해 존재양식이 형성되었다는 개념에 근거한 세계관입니다. 사람들은 이 세계관이 미국을 포함한 북유럽에서 이제까지 지배적이었던 기독교 세계관의 자리를 대신해 왔다는 것을 알지 못했습니다.

이러한 두 가지 세계관은 그 내용과 결과에 있어서 전반적으로 정반대입니다. 사람들은 이 두 가지의 세계관이 정반대의 내용을 가질 뿐만 아니라 사회적 문제와 정부에 관한, 특별히 법(法)에 관한 문

제에 있어서 아주 상반된 결과를 낳는다는 사실을
이해하지 못하고 있습니다. 이것들은 단지 궁극적으
로 존재하는 것에 관한 내용의 차이뿐만 아니라 모
든 분야에서 필연적으로 상반된 결과를 갖습니다.
그들은 우연히 서로 다른 결과들을 낳게 되는 것이
아니라 확실히 절대적이고 필연적으로 서로 다른 결
과를 낳게 됩니다. 왜 기독교인들은 이 사실을 이해
하는 데 그렇게도 늦었습니까? 여기에는 여러 가지
이유들이 있지만 가장 근본적인 이유는 그들이 믿는
기독교 세계관에 결함이 있기 때문입니다.

그 중에 하나인 경건주의 운동은 17세기에 독일에
서 스페너(Spener)에 의해 시작되었습니다. 경건주
의는 형식주의적 기독교와 추상적인 기독교에 반대
해 왔다는 점에서는 바람직하였지만, 그것이 플라톤
적 영성(Platonic Spirituality)을 가지고 있었다
는 점에서는 결함이 있었습니다. 그것은 기독교의
지적 중요성을 무시했습니다. 영성을 삶 전체가 아
닌 삶의 매우 작은 부분에만 국한시켰습니다. 즉 실
재의 총체성이 경건주의적 사고에 의해 무시되었던
것입니다.

기독교의 모든 교리가 우리의 삶에 실제적으로 영
향을 주어야만 한다는 점에 있어서 기독교인들은 경
건주의자들이 되어야 합니다. 그러나 경건주의의 결
함과 그것의 결과인 플라톤적 관점은 많은 사람들의

개개인의 삶뿐만 아니라 우리의 전체적인 문화에 있어서도 비극이 되었습니다. 바른 영성은 모든 실재를 포함합니다. 바른 기독교는 모든 삶을 포함할 뿐만 아니라 삶의 각 영역들까지 모두 포함합니다. 이런 의미에서 실재에 관한 어떤 것도 영적이지 않은 것은 없습니다.

이것과 관련해서 제가 "기독교는 '참 진리'(true truth)"라고 말할 때, 사람들은 그것이 의미하는 바를 파악하지 못하는 듯합니다. 기독교인들은 창조의 진리, 동정녀 탄생의 진리, 예수님의 기적에 대한 진리, 대속적인 죽음과 재림을 믿는다고 확신합니다. 그러나 그들은 이러한 진리들을 가지고 거기서 멈추어 버립니다.

제가 기독교는 '참 진리'라고 말할 때 이것은 총체적인 실재에 있어서의 진리임을 의미합니다. 이것은 객관적이고 무한하시고 인격적이신 하나님이 존재하신다는 사실로부터 시작합니다. 이것으로부터 시작해서 창조, 하나님의 형상대로 창조된 인간, 타락, 구속, 마지막 회복에 관한 진리들이 나옵니다.

기독교는 일련의 파편적인 사실들이 아닌 진리입니다. 이 말은 제가 말해 온 것처럼 사물을 보는 완전히 다른 관점입니다. 기독교는 일련의 사실들이 아니라 총체적인 실재에 관한 진리의 체계입니다. 그리고 그런 진리를 붙잡는다는 것은, 즉 협소한 의

미로 그 진리를 가지고 산다는 것은, 어떤 개인적인 열매들뿐만 아니라 필연적으로 사회적, 법적 열매들을 낳게 됩니다.

인본주의적 세계관

다른 한편, 물질주의적인 궁극적 실재의 개념을 세계관으로 가진 사람들은 기독교인들보다 훨씬 더 빨리 그 총체성에 대해 알았습니다. 당신은 헉슬리(Huxley) 형제와 버나드 쇼우(G. Bernard Shaw)를 생각해 볼 수 있습니다. 그들은 기독교인들보다 일찍 두 가지 총체적 실재가 있다는 것과 하나의 총체적 실재는 다른 하나의 실재에 반대된다는 사실을 알았습니다.

헉슬리 형제가 정반대의 두 가지 총체적인 실재가 있다는 사실을 기독교인들보다 먼저 이해했다는 것은 매우 부끄러운 일입니다. 우리는 이 사실에 대해 부끄러워해야 합니다. 그들은 두 개의 완전히 다른 개념이 있다는 사실뿐 아니라 그에 따른 상반된 두 개의 개인적 결론과 전반적인 사회적 결론이 있다는 것을 이해했습니다.

우리가 이해해야 하는 것은 이 두 상반된 관점은 필연적으로 총체적인 개인적 차이들뿐만 아니라 사회와 국가와 법에 관해서도 총체적인 차이들을 낳는

다는 사실입니다. 이 두 가지 관점을 혼합시킬 방법
은 없습니다. 그들은 결코 융화될 수 없습니다.

우리는 여기서 자유주의 신학에 대해서 말해야 합
니다. 자유주의 신학은 초기부터 그 근본에 있어서
이 두 가지를 혼합하려고 시도하였기 때문입니다.
그것은 계몽주의 직후에 시도되었고, 또한 우리 세
대 바로 직전에 시도된 것이었습니다. 그러나 위기
가 오면 이 자유주의 신학은 항상 본래의 항구로 돌
아가는 배처럼 비기독교적인 인본주의의 관점으로
되돌아갔습니다. 왜냐 하면 자유주의 신학이란 단지
신학적인 용어로 표현된 인본주의이기 때문입니다.

여기에서 사용된 인본주의(Humanism)란 인간이
자기 밖의 지식, 자기 밖의 기준이 없이 자기 자신
으로부터 시작한다는 것을 의미합니다. 즉 계몽주의
시대에 표현된 것처럼 "인간이 모든 만물의 척도이
다"라는 의미입니다. 이 두 가지 총체적인 실재의
상반된 결과가 가장 눈에 띄는 곳은 바로 국가와 법
의 영역입니다.

기독교적 법정신의 붕괴

북유럽에서는 국가의 형식(Form)과 자유
(Feedom), 그리고 이 둘의 균형(Balance)을 자연
스럽고 당연한 것으로 여깁니다. 이것은 불행입니

다. 왜냐 하면 우리가 역사를 공부하고 뉴스를 듣고 신문을 읽으면서도 종교개혁 이후에 북유럽과 그 영향권에 놓인 국가들 속에 있는 이러한 형식과 자유의 균형이 세계사에서 유일한 것이라는 것을 발견하지 못한다면 정말 어리석은 것이기 때문입니다. 그리스를 포함한 어떤 고대 문화도 이것을 만들어낸 적이 없습니다. 어떤 사람들은 그리스 도시국가에서 자유, 민주주의 또는 그런 말들과 같은 개념을 가지고 있었다고 배워 왔을 것입니다. 그러나 그것은 사실이 아닙니다. 만약 당신이 플라톤의 「공화국」(Republic)을 읽어본다면그것을 분명하게 알 수 있습니다. 또한 어떤 동양 종교와 문화도 이 형식과 자유의 균형을 만들어낸 적이 없습니다. 어떤 회교 국가도 이 형식과 자유의 균형을 만들어낸 적이 없습니다.

미국 국무성의 사람들이 특히 제2차 세계대전 이후에 미국 정부(政府)의 형식을 결코 이런 것을 생산해 내지 못할 여러 문화에 심으려고 세계 각국에 나갔습니다. 그러나 거의 모든 경우에 있어서 그들 국가들은 전체주의의 형태나 독재의 형태로 변했습니다. 왜냐 하면 그들은 그 자유를 누리고 있는 기독교적 여론과 기반을 가지고 있지 않았기 때문입니다.

미국의 건국자들은 다양한 각도에서 이것을 이해
했습니다. 위더스푼(J. Witherspoon, 1723~1794)
은평소에도 저에게 개인적으로 중요한 인물이었지만
최근에 그에 관한 아주 오래된 전기(傳記)를 읽은
이후에는 더욱더 그렇습니다. 그는 지금의 프론스톤
대학교의 총장이었고, 장로교 목사였으며, 미국독립
선언문에 서명한 미국의 건국에 아주 중요한 인물이
었습니다. 그는 뉴저지대학에 의해 대표된 기독교
사상을 독립선언문과 미국의 설립을 위한 매우 중요
한 위원회의 업무에 연결시켰습니다. 그는 루더포드
(S. Rutherford, 1600~1661)의 법사상을 계승한
사람입니다.

루더포드는 *Lex Rex*(법은 왕이다)라는 놀라운
책을 썼는데, 그것은 그 시대에는 완전히 혁명적인
문구였습니다. 왜냐 하면 그 당시에는 'Rex Lex',
즉 '왕은 법이다'는 시대였기 때문입니다. 그러나
그는 그의 책에서 "그렇지 않다. 법이 왕이다"라고
주장했던 것입니다. 그는 종교개혁자 칼빈
(J. Calvin, 1509~1564)의 영향을 받은 사람이었습
니다.

미국의 건국자인 제퍼슨(T. Jefferson)과 다른 동
료들은 자신들이 로크(John Locke, 1632~1704)
와 같은 기초에 서 있다는 것을 알았습니다. 로크는
루더포드의 이념을 세속화시킨 사람이었습니다. 그

들은 자신들이 무엇을 하고 있는지 알고 있었습니다. 우리는 과거에 있지도 않았던 역사를 보고 있는 것이 아닙니다. 자신들이 설립하는 국가의 기초가 어디에 있는지 그들은 정말로 알고 있었습니다.

그들이 쓴 다음과 같은 놀랍고 눈부신 문장들을 생각해 보십시오. "양도불가(讓渡不可)한 확실한 권리들." 누가 이런 권리들을 주었습니까? 국가(國家)입니까? 만약 그렇다면 그것은 양도불가한 것이 아닙니다. 그러면 어디서 이 권리들이 왔습니까? 그들은 그들이 세우는 나라가 기독교 사상에 근거하고 있다는 사실과 이러한 양도불가의 권리들을 주시는 분이 계시다는 사실을 알고 있었습니다.

또 하나의 문구가 있습니다. "우리는 하나님을 믿습니다." 당시 그들은 이 문구에 관해 어떤 논쟁도 하지 않았습니다. 오늘날 대부분의 사람들은 독립전쟁 직후에도 의회에 의회목사가 있었다는 것을 알지 못합니다. 또한 국회가 형성되기 전의 초기 주의회(州議會)에서는 항상 기도로 의회를 시작하였다는 사실도 알지 못합니다. 그 후 국회가 형성된 후에도 의회는 기도로써 개회되었습니다.

독립전쟁이 끝난 직후 의회는 하나님께 감사하기 위해 처음으로 추수감사절을 지냈습니다. 그 첫번째 추수감사절에서 위더스푼의 설교는 그의 관점을 보

여 주고 있습니다. 인용을 하자면, "일단 평화를 되
찾은 나라는 자신의 덕목을 지켜나가라. 그러지 않
으면 자유를 잃게 될 것이다." 여러분은 우리가 살
고 있는 바로 지금에도 모든 국민이 아침마다 이 문
구를 암송하는 것이 좋겠다고 생각지 않으십니까?
그가 강조한 것을 좀더 인용해 보겠습니다. "순전하
고 참된 신앙을 열심으로 그리고 진지하게 추구하는
자야말로 진정한 미국의 자유의 수호자이다."

두말할 것도 없이 여기서의 신앙은 기독교를 의미
하였습니다. 그들은 그들이 무엇을 하고 있는지 바
로 알고 있었습니다. 그들은 자신들이 창조자이며
궁극적 실재이신 하나님의 기초 위에 서 있다는 것
을 알았습니다. 그 기초가 없다면 그들이 독립선언
문에 쓴 내용이나 그 모든 생각들이 무의미한 것임
을 알고 있었습니다.

이러한 법정신에 의해 만들어진 헌법을 고치자는
헌법개정안의 의도도 현재 우리가 생각하는 것과는
차이가 있습니다. 첫번째 헌법개정안이 통과되었을
때 그것은 두 가지 목적을 갖고 있었습니다. 첫째
목적은 연합된 13개 주에 국교회는 없어야 한다는
것입니다. 이것은 한 종파가 영향력을 얻어 국교회
가 되면 다른 종파들을 강요할 것에 대비해서 만들
어졌지만, 많은 주가 그들의 주교회(州敎會, State
Church)가 존속하는 것이 개정헌법에 위반되는 것

으로 여기지 않았습니다. 헌법개정안의 둘째 목적은
오늘날 발생하고 있는 문제와는 매우 반대되는 것입
니다. 그것은 명백히 주(州)에서 자유로운 종교행사
를 방해해서는 안 된다는 것입니다.

오늘날 교회를 침묵시키는 데 사용되는 첫번째 헌
법을 개정할 당시의 진정한 의도는 법에 의해 한 종
파의 예배방식이나 신조를 받아들이도록 강요될 가
능성을 막고 종교의 자유로운 행사를 보장하기 위한
것이었습니다. 만약 건국자들이 "이것은 국가로부터
종교와 종교적 영향의 완전한 분리를 의도했다"라는
오늘날의 주장을 듣는다면 그들은 아연실색할 것입
니다. 그 후 발생한 프랑스혁명의 계속되는 극단성
과 마침내 나폴레옹과 독재로 이끌어진 혁명의 실패
는 프랑스혁명의 기초와 미국 설립의 기본정신의 차
이를 명확히 보여 주었습니다. 역사는 그 당시 사람
들이 이것을 잘 알고 있었다는 것을 밝혀 줍니다.

법의 기초 — 자연과 계시

미국의 건국과 관련한 법의 문제를 좀더 고찰해
보기를 원한다면 블랙스톤(W. Blackstone, 1723~
1780)을 만나게 됩니다. 그는 「영국법에 관한 주해
서」라고 불리는 유명한 책을 쓴 영국 법학자입니다.
미국에서 독립선언서가 서명될 당시에는 영국보다

미국에서 이 책이 더 많이 읽혀졌습니다. 그 책은
당시에 미국법의 기초였습니다. 만약 당신이 이 책
을 읽는다면 이 법이 어디에 그 기초를 두고 있는지
아주 분명히 알게 될 것입니다. 그는 법에는 단지
두 가지 기초, 즉 자연과 계시(啓示)밖에 없다고 믿
었습니다. 그는 "훌륭한 법은 단지 성경에서만 볼
수 있다"고 말하면서 그가 말한 계시는 성경을 의미
한다고 설명하였습니다. 아주 최근까지 미국의 모든
법학도들은 블랙스톤을 통달하지 못하면 법률학교를
졸업하지 못했습니다.

　이처럼 우리가 미국 설립 당시를 볼 때 법의 기초
를 어디에 두고 있는지를 알 수 있습니다. 그리고
인본주의의 우연 증후군적 세계관이 정부와 법을 인
수할 때까지 이런 것들이 기초로 남아 있었습니다.
그러나 이제는 이 모든 것이 사라졌습니다. 이런 것
들이 부분적으로 없어진 것이 아니라 모두 없어졌습
니다. 오늘날 대부분의 법률학교는 법률사 시간을
제외하고는 블랙스톤을 공부하지 않습니다.

　기독교적 세계관에 의한 법정신은 이제 완전히 사
라져 버렸습니다. 우리는 세속화된 사회와 세속화된
사회학적 법에 의해 살고 있습니다. 사회학적 법이
란 어떤 사람들의 특정한 집단이 그 당시 사회에 유
익하다고 생각되는 것을 법의 기초로 결정하는 법을
말합니다. 이것을 말하는 사람은 저 혼자가 아닙니

다. 홈즈(O. W. Holmes, *The Common Law* 저자)는 이 사회학적 법이론이 그의 입장이라고 말합니다. 빈손(F. M. Vinson, 1890~1953, 전 대법원장)도 이것이 그의 입장이라고 말했습니다. 그들은 모두 이것을 사회학적 법이라고 불러왔습니다. 법률가들이 미국의 법에 있어서의 이러한 변화의 원인을 남북전쟁 후에 남부 주들의 재가입과 관련된 법률이나 몰몬교와 관계되어 통과된 법률의 영향이라고 합니다. 그러나 이런 것들이 미국의 법에 있어서의 격렬한 변화의 원인은 아닙니다. 실제 원인은 미국을 포함한 북유럽에서 가지고 있는 정부의 형식과 자유를 결코 만들어내지 못했던 완전히 다른 세계관이 주도권을 잡았기 때문입니다.

놀랄 만한 일은 이것은 근대과학과 현대과학의 차이와 정확히 일치합니다. 물질적인 세계관은 근대과학을 생산해 내지 못했습니다. 그러나 현대과학은 이러한 물질주의적 철학을 기초로 발전했습니다. 미국과 종교개혁의 나라에서 소유하고 있는 형식과 자유를 생산해 낸 역사적 기독교 세계관으로부터 그러한 형식과 자유를 결코 생산해 내지 못할 물질주의적 세계관으로 주도권이 넘어간 것입니다. 이런 일이 벌어질 동안 기독교 법률가들은 어디에 있었습니까?

법에 있어서 완전한 변화는 지난 80년 동안에 벌

어졌습니다. 더 큰 변화는 지난 40년 동안에 일어 났습니다. 이런 일이 일어날 동안 기독교 법률가들은 이런 변화가 일어나는 것을 보고 성벽에 올라가 크고 분명하게 나팔을 불어야 했었습니다. 저와 같은 비법률가들은 기독교 법률가들이 나팔을 불지 않았기 때문에 다소 비난할 권리를 가지고 있습니다. 제가 1974년부터 1976년까지 「그러면 우리는 어떻게 살 것인가」를 쓰기 시작했을 때 저는 강조점을 삶의 전 영역, 즉 예술과 문학 등에서부터 법과 정부(政府)의 영역까지를 예수님의 주권(主權) 아래에 두었습니다.

저는 「그러면 우리는 어떻게 살 것인가」에 이어서 저의 생각을 계속 발전시키기 시작했습니다. 세속철학에서부터 자유주의 신학의 결과, 예술에 있어서의 결과로 이동해 나갔고 그 후 법원과 대법원까지 향하게 되었습니다. 저는 홈즈와 같은 법률가들의 책을 읽으며 완전히 섬뜩해짐을 느꼈습니다. 그런 책의 내용이 철학이나 신학 그리고 다른 영역들에서 수년간 공부한 것과 정확히 병행하고 있다는 것을 확인하였습니다. 제가 이러한 사회학적 법에 관한 전반적인 문제를 다룰 때 지난 수십 년 동안 우리가 얼마나 멀리 떨어져 나왔는가에 대해 분명하게 말하는 책은 읽어본 적이 없습니다. 아마 그런 책이 있었을지도 모릅니다. 그러나 저는 그런 문제에 관해 말하는 책을 보지 못했습니다.

「그러면 우리는 어떻게 살 것인가」에서 저는 독단적인 사회학적 법의 가장 명확한 예로 대법원의 '낙태'에 관한 판결을 사용하였습니다. 그러나 그것은 단지 가장 명확한 사례 중 하나일 뿐이었습니다. 그것은 제가 지금 우리 사회가 어떻게 확고한 윤리 없이 돌아가는가를 가장 명확하게 보여 주는 예로서, 플레처(J. Fletcher)의 상황윤리를 선택한 것과 같습니다. 그것은 단지 가장 명확한 예에 불과합니다. 왜냐 하면 여러 방면에서 우리 사회는 고정되지 않은 상황윤리 위에서 돌아가고 있기 때문입니다. 낙태의 사례도 똑같습니다. 미국에서의 법은 플레처가 그의 윤리학에서 사용한 상황적인 법이 되었습니다. 그렇지만 이렇게 된 것은 당연한 것입니다.

우리가 무엇을 더 기대할 수 있겠습니까? 이런 것들은 궁극적 실재에 관한 물질적 인본주의적 개념을 가진 세계관의 자연적이고 필연적인 결과들입니다. 우리는 이러한 세계관이 그런 결과를 낳았다는 것뿐만 아니라 그들의 세계관으로는 이런 결론밖에는 나올 수 없다는 것을 알아야 했습니다. 이것은 모든 것의 궁극적인 실재가 단지 물질적이고 우연과 에너지이며 비인격적인 우연에 의해 오늘날과 같은 형태가 되었다는 세계관의 자연적 결과입니다. 우리는 법조계에 있는 기독교인들이 경종을 울리지 않았기 때문에 우리가 전반적인 인본주의 문화로 아주 아주 멀리 떨어져 나오게 된 것을 말해야 합니다.

다행히도 우리는 완전한 인본주의 문화에 도달하지는 않았습니다. 그러나 우리는 모든 것이 이러한 인본주의적인 방향으로 향하고 있다는 것을 알아야 합니다. 만약 되돌아가지 않는다면 우리는 매우 빠른 속도로 완전한 인본주의 문화에 다다를 것입니다. 오늘날 법과 법원은 이런 전반적인 인본주의적인 사고 방법을 전 국민에게 강요하는 수단입니다. 이것은 오늘날 민주국가에서 합법적으로 일어나고 있는 일입니다.

대법원의 낙태에 대한 판결은 1973년 당시 대부분의 미국인들이 낙태에 반대한다는 것이 분명함에도 불구하고 내린 결론이기 때문에, 그 결과 50개 주에 있는 낙태법들을 무효화시켰습니다. 대법원은 독단적으로 낙태가 합법적이라고 판결하고 하룻밤 사이에 각 주들의 낙태법을 무효화시키고 미국인들의 사고에 낙태가 합법적일 뿐만 아니라 윤리적이라는 것을 강요하였습니다. 그들의 판결이 법률적으로 의학적으로 독단적인 것임에도 불구하고 엘리트(Elite)로서 그들은 자기들의 소수 의견을 다수에게 강요하였습니다. 이처럼 법과 법원은 국민들에게 완전히 세속적인 개념을 강요하는 수단이 되었습니다.

지도자들의 침묵

그러나 저는 기독교 법률가들에게 나팔을 불지 않은 사람들은 법률가들만이 아니라는 위안의 말을 하고 싶습니다. 성경을 믿는 신학자들도 또한 나팔을 불지 않았습니다.

미국에서는 1893년에 브릭스(C. A. Briggs) 박사가 자유주의 신학을 가르친다는 이유로 장로교단에서 해임된 일이 있었습니다. 다시 한번 반복하지만 자유주의 신학은 신학적 용어들을 사용한 인본주의에 불과합니다. 그가 장로교단에서 해임된 후에 전반적으로 굉장한 침묵이 뒤따랐습니다. 1930년까지 크게 나팔을 불었던 신학자들은 아주 소수였습니다. 그러나 때는 늦었습니다. 교권의 중심인 교단 행정부와 신학교가 자유주의 신학의 영향력 아래로 들어갔습니다. 그 후 목소리가 높아졌지만 때는 너무 늦었습니다.

이처럼 한 세계관에서 완전히 다른 세계관으로의 변화를 보고도 신학자들은 침묵했습니다. 또한 기독교 교육자들도 역시 잘한 것이 없습니다. 책임을 다하지 못한 것은 모든 분야입니다. 아무도 제대로 우리가 인본주의적 문화로 멀고 먼 길을 내려올 동안 나팔을 크게 불지 않았습니다.

책임의 문제를 부각시키는 것은 오늘날 우리에게

아무 도움이 되지 않지만 지나간 역사를 통하여 우리는 이러한 변화를 다시는 단편적인 문제로 보아서는 안 된다는 것을 깨닫게 됩니다. 우리는 총체적인 하나의 실재에 반대하는 다른 하나의 총체적인 실재가 있다는 것을 이해해야 합니다. 이것은 단지 종교적 실재가 아닌 궁극적이고 총체적인 실재에 관련된 진리의 문제입니다.

만약 우리가 우리 사회와 문화 가운데에서 빛과 소금의 사명을 감당하는 기독교인으로 전쟁에 참여코자 한다면 우리는 총체적인 전선에서 전쟁을 해야 합니다. 우리는 특히 우리의 개인적인 자유만을 위한 전선에서 싸우지 말아야 합니다. 그것은 단지 종교적 진리가 아닌 기본적인 실재에 관한 진리의 전쟁이어야만 합니다. 만약 우리가 전과 같이 문제들을 단편적으로 여기고 총체성을 가지고 나아가지 않는다면 그리 큰 영향력을 미치지 못할 것입니다.

우리는 기독교적 기초에서 나온 민주주의 공화국에서 살고 있습니다. 그러나 기독교적 기초에서 나온 이 자유가 오늘날의 세계에는 점점 희박해지고 있습니다. 우리가 자유를 가지고 있을 동안에 확실히 이 자유를 이용해야 합니다. 몇 년 전에 유엔에서 150여개국 중에서 자유를 가진 나라를 결정하는 조사를 실시했는데 단지 25개 이하의 나라들만이 진정한 자유를 가지고 있는 것으로 나타났습니다. 우

리는 아직도 그것을 소유하고 있습니다. 민주주의
국가에서 우리가 자유를 계속 가지고 있는 동안, 그
자유를 사용하고 그 자유를 위해 일을 하는 것은 우
리의 소명입니다.

우리 중에 어떤 사람들은 '모랄 머저러티(Moral
Majority, 도덕적 다수 : 미국의 New Right 운동
의 중심세력으로서 보수적인 활동을 추구하는 정치
적 종교단체)와 그들이 말한 것과 행한 것에 대해
의문을 가지고 있을지 모릅니다. 그러나 먼저 내가
말하고 싶은 것은 우리가 모랄 머저러티와 같은 것
들에 관해 정보를 얻을 때 세상의 보도 매체로부터
얻지 않도록 주의해야 한다는 것입니다.

왜냐 하면 그러한 보도 매체도 오늘날 우리 문화
가 가지고 있는 인본주의적 관점을 가지고 있기 때
문입니다. 당신이 정말 판단을 내리려고 한다면 당
신은 당신의 최종 판단을 이러한 인본주의적 관점과
방식대로 사물을 보는 보도 매체에 근거하지 말아야
합니다.

이것과 더불어 우리가 이해해야 할 것은 우리가
모랄 머저러티가 항상 옳은 것을 말해 왔다고 생각
하든지 안 하든지간에, 또한 그들이 몇 가지 잘못을
저질러 왔다고 생각하든지 안하든지간에 그들은 확
실히 한 가지 옳은 일을 했습니다. 그들은 정치무대
에서 우리가 자유를 아직 가지고 있을 때 다른 총체

적 실재인 인본주의에 대항하기 위해 그 자유를 사용하였습니다.

그들은 법이 왕이고, 법은 입법자들보다 위에 있으며 하나님은 법 위에 계신다는 사실들을 그것들이 전제되어야 할 삶의 영역으로 가져왔습니다. 그리고 이것은 참된 기독교의 한 부분입니다. 이 모랄 머저 러티는 실재에 관한 하나의 총체적 관념과 이것이 정부와 법의 영역에서 낳을 결과와, 또 다른 하나의 실재에 관한 관념과 그 결과 사이에 경계를 그어 왔습니다.

만약 당신이 그들이 해 왔던 것에서 몇 가지 세부적인 점이 마음에 들지 않는다면 그러한 점들을 개선해 보도록 하십시오. 그러나 당신은 모든 기독교인들이 이와 동일한 것들을 하지 않는다면 삶 전체에서의 주님의 주권을 보여 주지 못하는 것이라는 것을 알아야 합니다.

이제는 다시 복음주의 지도자쪽으로 가 봅시다. 우리는 그들도 거의 도움이 되지 못했다는 것을 알아야 합니다. 우리가 보아왔던 지도자들은 과도하게 염세적인 기독교, 즉 플라톤적 영성을 가지고 있었습니다. 대부분의 복음주의 지도자들의 영성은 삶의 전 영역에 걸친 그리스도의 주권을 주장하지 않았습니다. 대신에 종종 영성은 매우 작은 영역에 가두어 졌습니다.

또한 종종 복음주의자들의 궁극적인 목적이 자신들의 계획만을 보호하려는 것처럼 보여졌습니다. 왜 우리는 우리 자신들이 이렇게도 멀리 떨어져 나오도록 내버려 두었는가를 묻고 싶습니다. 여러 원인 중의 하나는 복음주의 지도자들의 잘못된 영성때문일 것입니다.

다음에 내가 말하고자 하는 내용은 새로 주목해야 할 것입니다. 18세기의 신앙부흥 운동은 종종 복음주의 지도자들에 의해 열렬하게 옹호되고 있습니다. 그러나 그들은 이러한 신앙 부흥운동이 정말 그것이 어떠한 것이었는가를 잊고 있는 듯합니다. 영국과 스칸디나비아 그리고 미국에서의 신앙부흥 운동은 의문의 여지없이 아주 명확하게 개인적인 구원을 요구하였습니다. 그러나 그들은 또한 모든 경우에 있어서 사회참여 운동도 요구하였습니다. 모든 신앙부흥이 이러했습니다. 웨슬리(J. Wesley)와 횟필드(G. Whitefield)의 신앙부흥 운동보다 더 좋은 예는 없을 것입니다. 그들의 신앙부흥 운동은 개인적 구원에 강조점을 두었고 수많은 사람들이 구원을 받았습니다.

그러나 역사가들은 웨슬리의 사회참여가 영국을 프랑스혁명과 같은 구렁텅이에서 구원하였다고 말합니다. 웨슬리의 신앙부흥 운동이 없었다면 그리고 그의 사회참여의 결과가 없었다면 거의 확실하게 영국은 프랑스와 같은 혁명을 치렀을 것입니다.

우리는 하나님께 대한 감사와 자부심에 가득 차서 그런 인물들을 말할 수 있습니다. 샤프츠베리 경 (Lord Shaftesbury, 1801~1855)은 산업혁명 중에 가난한 자들의 편에서 정의를 위해 싸웠던 자입니다. 윌버포스(W. Wilberforce, 1759~1833)는 거의 혼자의 힘으로 미국보다 훨씬 전에 영국에서 노예제도 폐지 운동을 하였습니다. 신앙부흥 운동에서 하나님이 이런 사람들을 쓰신 결과는 개인의 구원뿐만 아니라 광범위한 사회적인 운동을 낳았습니다.

여러분 중에 어떤 사람은 1960년대에 위대한 대응문화가로 잘 알려진 리프킨(J. Rifkin)을 알 것입니다. 그가 신앙부흥 운동이 사회적인 결과를 낳았다고 주장하는 그의 책 *Entropy*는 제가 읽은 어떤 책보다 복음적이었습니다. 그는 저의 책「공해와 인간의 죽음」을 인용하면서 생태학에 관해 기독교적 해결책이 가능성이 있음을 지적하고 있습니다. 그는 기독교인이 아님에도 불구하고 중요한 사실을 알고 있습니다. 그는 18세기 신앙부흥 운동이 개인적 구원을 요구함은 물론 그것에 기초하여 사회적 행동도 요구했다는 것을 이해하였습니다.

미국의 휘튼대학(Wheaton College)은 복음주의 계열에서 명문으로 이름이 나 있습니다. 또한 전에는 오벨린대학(Oberlin College)도 성경을 믿는 명

문 학교로 유명하였습니다. 오벨린대학은 지금은 자유주의 학교가 되었지만 다행하게도 휘튼대학은 그렇지 않습니다. 그러나 대부분의 사람들은 휘튼대학의 설립자인 블랜처드(J. Blanchard)와 오벨린대학의 학장이었던 피니(C. Finney)가 노예제도와 관련한 사회참여에 놀라운 관심을 가졌다는 사실을 모르고 있습니다.

그들 모두는 단호하게 "만약 법이 옳지 못하다면 불복종해야 한다"고 말하고 있습니다. 이것은 사실입니다. 만약 당신이 그들의 책을 읽는다면 그들 모두가 만약 필요하다면 실제적으로 시민불복종을 요구하고 있다는 것을 볼 수 있습니다. 오늘날의 복음주의적 지도자들은 이러한 유산들을 잊은 것처럼 보입니다.

저의 책, 「인간, 그 존엄한 생명」(Whatever Happen to Human Race)이 출판되었을 때 저는 큰 교훈을 배웠습니다. 복음주의 지도자들조차 낙태에 대해 침묵을 지키기를 원하는 것이었습니다. 저는 그 책에서 인간 생명의 법적인 문제와 관련해서 삶의 전 영역에 있어서 그리스도의 주되심을 강조하였습니다.

처음에는 그 책이 널리 받아들여지지 못했습니다. 그러나 놀라운 변화가 일어났습니다. 제 아내 에디스와 제가 그 책의 내용을 강연하기 시작했고, 그

강연에 참석했던 사람들이 나가서 헌신적으로 사회에 참여하며 변화가 생기는 것을 보았습니다.

이런 일이 있기 전에는 부끄럽게도 미국과 영국에서 아주 극소수의 복음주의자들만이 낙태반대 운동에 참여하였습니다. 우리는 오랫동안 이 문제를 천주교에 넘겨주고 있었습니다. 이런 강연 후에는 다행히도 인간 생명의 중요성과 법적인 영역에서 그리스도의 주권을 회복하는 데 대한 중요성을 인식한 더 많은 복음주의자들이 생겨났지만 강연이나 집회에 참석하는 사람은 많지 않았습니다. 왜냐 하면 플라톤적 영성 때문에 대부분의 복음주의 지도자들은 이 문제에 빠져드는 것을 원하지 않았습니다. 어떤 복음주의 지도자들은 사람들을 강연회에 가도록 권유하지 않을 뿐만 아니라 불행하게도 가려는 사람들을 막는 경우도 있었습니다. 어떤 기독교 법률가도, 신학자도, 교육자도, 복음주의에 영향력 있는 자들도 크고 분명하게 나팔을 불지 않았습니다.

우리는 법적으로 인간 생명의 존엄에 대한 문제를 논의할 때 이것은 단지 기독교적 사고의 주변적인 것이 아님을 알아야 합니다. 이것은 기독교적 사고의 완전한 중심은 아니지만(중심은 하나님 자신의 존재이기 때문에) 거의 중심의 문제입니다. 그러나 성경적 관점에서 인간 생명의 존엄성은 인격적이고 무한한 하나님의 존재와 끊을 수 없는 것입니다. 왜냐 하면 인격적이고 무한하신 하나님이 자기의 형상을 따라 남자와 여자를 만드셨고 따라서 사람들은 생명의 존엄성을 가집니다. 인간의 생명은 존엄성으로 가득 차 있으며 지금 행해지고 있는 독단적인 방법으로 인간의 생명을 뺏을 수 없습니다.

우리는 여기서 이것에 대해 아무런 외침도 없었다는 사실을 알아야 합니다. 낙태와 같은 매우 중심된 문제도 단편적인 문제가 아닌 하나의 증후로서 이해하지 못했습니다. 낙태는 하나의 증후였습니다. 낙태는 물질주의적 인본주의 세계관이 점점 우리 나라를 지배함에 따라 나타나는 그 세계관의 총체적인 한 증후였습니다.

저는 예언자가 결코 아닙니다. 그러나 제가 공부한 것이나 성경 그리고 세계 역사에서 하나님이 보여 주신 것을 통해서 말하겠습니다. 만약 물질주의적 에너지, 우연 증후군이 계속해서 미국을 지배하게 된다면 인간 생명을 보는 관점은 더욱더 낮아질 것입니다. 필연적으로 이런 결과가 벌어질 것이 분명합니다.

미국과 같은 나라에서는 사람들이 오랫동안 기독교적 여론을 가지고 있었으며 우리가 지금은 당연하게 여기는 기독교적인 축복들 위에 살고 있습니다. 그러나 우리는 이 나라에서 가지고 있는 이러한 복음의 부수적인 축복들이 얼마나 '유일한' 것인지를

잊은 듯합니다. 복음은 예수님을 구세주로 영접할
때 그리스도의 죽음의 기초로 우리의 죄가 사하여지
는 것이지만 예수 그리스도의 복음은 많은 부수적인
축복들을 가져다 줍니다.

우리는 어떻게 인간 생명에 관한 높은 수준의 관
점을 가지고 있으며, 어떻게 우리가 국가에 있어서
형식과 자유 사이에 균형을 가지고 있으며, 어떻게
우리를 혼란으로 이끌지 않는 그런 놀랄 만한 자유
를 가지고 있는지를 잊고 있습니다. 이 모든 것들은
당연한 것이 아닙니다. 이것들은 성경적인 것을 바
탕으로 한 유일한 것들입니다. 만약 인본주의 세계
관이 더 완전하게 주도권을 잡는다면 이런 것들을
잃어버리게 될 것입니다.

우리 앞에 무엇이 있습니까? 우리는 마음에 두 가
지 상황을 염두에 두어야 합니다. 첫째 상황은 1980
년 미국 선거에서의 보수적인 돌풍과 같은 것입니
다. 이것은 지금도 미국에는 창구가 열려 있다는 증
거입니다. 바라기는 이런 창구가 열려 있을 때 우리
는 인간의 존엄성을 각성시키고 혐오스러운 낙태법
을 폐지하기 위해 일하고 기도해야 하지만, 단지 이
문제뿐만 아니라 여러 방면에서 창문이 열리기를 기
도해야 합니다.

또한 우리가 일하고 기도함과 동시에 이런 문제가
단지 독립적인 것이라고 생각하지 말아야 합니다.

우리는 이런 물질 에너지적, 우연적인 세계관이 우리의 삶에서 그것의 결과와 함께 격퇴되도록 투쟁하고 기도해야 합니다.

저는 창구가 계속 열려 있을 수 있도록 일하고 기도할 것입니다. 창구는 열려 있고 우리는 여전히 자유를 소유한 민주국가의 기독교 시민으로서 모든 방면에서 이 창구를 이용해야 합니다. 우리는 모든 영역에서 인본주의 세계관을 격퇴하도록 노력해야 합니다.

그러나 이 일은 쉽지 않을 것입니다. 왜냐 하면 인본주의 세계관을 가진 사람들은 그것이 격퇴되도록 그냥 놔두지 않을 것이기 때문입니다. 예를 들어서, 저와 함께 책을 쓴 쿠프 박사(Dr. E. Koop)가 미국 정부의 보건성장관에 지명되었을 때 언론이 그에게 한 일들을 보면 잘 알 수 있습니다. 언론은 완전히 비객관적인 보도로 그의 외과 의사로서의 뛰어난 인도적인 업적을 무시하고 공격하였습니다. 인본주의 세계관을 가진 언론 종사자들은 인간의 생명의 고귀함에 대한 그의 분명한 방어를 참을 수 없었을 것입니다. 이 시점에 있어서 우리의 임무는 계속해서 창구가 열려 있도록 바라고 기도하면서 열린 창문을 이용해서 방향을 바꾸고 이 인본주의적 세계관이 격퇴되도록 노력하는 것입니다.

그러나 지도층에 있는 사람들은 불행하게도 둘째

상황에 대해서도 생각해야 합니다. 그 상황이란 만약 창구가 계속해서 열려 있지 않는다면 어떻게 할 것인가 하는 것입니다. 이것을 생각하는 것은 우리가 창문이 열려 있도록 노력하는 것을 부인하는 것을 의미하는 것이 아닙니다. 우리는 창구가 열려 있기를 바람에도 불구하고 만약 창구가 닫힌다면 어떻게 할 것인가를 생각해 보아야 한다는 것입니다.

이제 우리가 어떤 상황에 있는가를 반문해 봅시다. 지난 1960년대의 반문화인들을 생각해 보십시오. 60년대 후반에 그들은 마약과 마르쿠제(H. Marcuse)의 신좌파를 기초로 한 이데올로기적 해답에 대한 희망을 포기하였습니다.

미국에는 그래도 무정부주의자가 많지 않습니다. 그러나 유럽에서는 특히 서독이나 심지어 스위스의 젊은 사람들 사이에는 무정부주의자가 급격히 늘어나고 있습니다. 그들의 구호는 "누구에게도 권력은 없다"는 것입니다. 그들은 영어 대문자 'A'를 아름답고 오래된 교회의 벽에다 페인트로 칠합니다. 무정부주의자(Anarchist)라는 뜻입니다!

그들은 허무주의자들이기도 합니다. 그들의 삶에서 행하고 있는 것들은 정확히 펑크족 가수들의 가사와 같습니다. 우리들은 그들이 부르는 가사를 듣지 않고 음악만 듣습니다. 그러나 그들의 가사는 혼란, 삶의 무의미성, 삶의 절망 등의 허무주의를 말

합니다. 지금 유럽의 이런 무리들은 그런 식으로 사
회에 대항하면서 살고 있습니다. 그러나 미국에서는
다행히도 그런 일이 일어나지 않고 있습니다. 70년
대에는 마약과 마르쿠제의 신좌파의 이데올로기적
해답에 대한 희망을 버렸던 반문화주의 젊은이들이
개인의 평안과 풍요를 삶의 가치로 삼는 부류에 가
담하는 방향으로 나아갔습니다. 이것이 70년대에 일
어난 것이라면 80년대는 그러한 바탕 위에 서 있습
니다.

침묵하는 다수

여기에서 덧붙여 말하고 싶은 것은 닉슨시대에 우
리가 들었던 침묵하는 다수에 관한 것입니다. 많은
사람들이 닉슨시대에 침묵하는 다수 중에는 두 가지
부류가 있었음을 알지 못합니다. 거기에는 '침묵하
는 다수의 다수'와 '침묵하는 다수의 소수'가 있었
습니다.

침묵하는 다수의 다수는 개인의 평안과 풍요를 삶
의 가치로 가지고 있던 사람들입니다. 침묵하는 다
수의 소수는 그들이 개인적으로 기독교인은 아닐지
라도 최소한 기독교의 기억을 가지고 어떤 원리에
서 있던 자들입니다. 만약 현재 개인의 평안과 풍요
를 삶의 가치로 삼는 부류에 가담하는 젊은이들과,

지금은 노인이 된 닉슨시대의 침묵하는 다수의 다수
를 볼 때 그들의 삶의 방식은 틀릴지 모르지만 그들
은 서로를 완벽히 사회적으로 지지하고 있습니다.
그들은 같은 위치에 있는 것입니다.

과연 몇 퍼센트나 지난 선거에서 원칙에 입각해서
투표를 했으며, 몇 퍼센트나 자기 자신의 평안과 풍
요를 위해 투표를 했을까요? 여러분은 윌
(G. F. Will)을 아실 것입니다. 그가 저에게 말했듯
이 그는 기독교인은 아니지만 자주 옳은 말을 합니
다. 그는 1981년 2월 16일자 *International
Herald Tribune* 誌에서 「수사학과 실재」라는 제목
으로 이런 말을 했습니다. "이번 80년 대 선거에서
보수주의가 승리하였지만 단지 20%가 보수주의 원
리에 투표하였고 80%가 어떠한 결과가 나올지에 상
관없이 자기의 경제적인 부(富)를 높이기 위해 투표
하였다."

저는 그의 글을 읽기 오래 전부터 이런 일이 일어
날 것을 말해 왔습니다. 감히 퍼센트에 대해서는 말
할 수 없었지만 저는 이런 일이 기필코 생기리라 생
각하였습니다. 그러나 만약 경제적 부의 수적 향상
이 바로 얻어지지 못한다면 어떻게 될까요? 결코 지
난 50년간의 구식 진보주의로 돌아가게 될 것이라고
는 생각하지 않습니다. 오히려 순전히 추측이기는
하지만, 제가 「그러면 우리는 어떻게 살 것인가」의

마지막 장에서 제시한 것처럼 어떤 엘리트 독재주의
의 형태가 출현하게 될지 모릅니다. 서양에서 이런
엘리트 독재주의 형태를 받아들이기 위해 필요한 것
이 있다면 그것은 단지 윌이 말한 '경제적 부의 수
적 향상'의 환상을 주는 것입니다. 그 책에서도 말
했지만 만약 그것이 합헌성(合憲性)을 가장(假裝)한
다면 로마제국의 아우구스투스 황제보다 더하면 더
할 것입니다.

그렇다면 어떤 엘리트의 형태가 주도권을 잡을까
요? 단지 정치적인 엘리트만을 이야기하는 것이 아
닙니다. 과학분야와 학문분야의 엘리트, 혹은 전문
기술주의적 엘리트 등을 생각해 볼 수 있습니다. 그
리고 그런 엘리트 그룹으로서 대법원이 포함될 가능
성을 배제하지 말아야 한다는 것을 명심해야 합니
다. 그 이유는 그들이 현재의 사회학적 법에 기초한
그들의 입장에 따라 판결을 하고 있기 때문입니다.
또한 그들은 판결뿐만 아니라 많은 법을 새롭게 만
들고 있습니다. 그들은 이렇게 나라의 두 부분을 지
배하고 있습니다. 따라서 대법원이 앞에서 말한 '엘
리트'가 될 가능성을 절대로 배제해서는 안 됩니다.

그러나 이 순간에 누가 엘리트가 될 것인가를 선
택하는 것이 중요한 것이 아닙니다. 그 대신에 만약
대중(大衆)이 그들의 '경제적 부의 수적 향상'을 갖
지 못한다면 그러한 엘리트의 출현 가능성이 있다는

것을 이해해야 합니다. 저는 창구가 계속 열려 있기를 바랍니다. 지난 20~30년 동안 인본주의 세계관을 가지고 우리 사회의 전반에 걸쳐 지배력을 늘려온 사람들이 아무리 노력해도 이 열린 창구들을 닫을 수 없기를 바랍니다.

그러나 한 가지 질문을 하겠습니다. 만약 그들이 창구를 닫는다면 기독교와 기독교 단체들이 이제껏 받아 온 영향력보다 더 큰 영향력을 받을 것이라고 생각하지 않습니까? 기독교 법률가들과 우리 모두는 만약 창구가 닫힌다면 무엇을 해야 할지를 생각해야 되지 않을까요? 지난날의 기독교 교육자, 신학자, 법률가들은 그리 좋은 기록을 가지고 있지 못합니다. 그들은 기독교 세계관과 그 자연적인 결과와 그리고 물질, 에너지에 의한, 인본주의적 세계관과 그것이 낳는 결과 사이의 차이를 보지 못했습니다.

우리는 지난날에 발로 걸어다니는 자와의 경쟁에서도 이기지 못했습니다. 그러나 만약 말을 탄 자와 달리게 된다면 어떻게 될까요? 미국 건국자들과 초기 13개 주의 사람들은 그들이 어디에 기초를 두고 있는지 알고 있었습니다. 그러나 우리가 오늘날 도달한 곳은 미국 설립자들과 13개 주의 사람들이 나라를 세울 때 가졌던 마음과는 완전히 반대입니다. 이제 우리는 미국의 조상들이 한 것처럼 한계선 (Bottom Line)까지 생각해야 할 때입니다. 미국의 건국자들이 그렇게까지라도 행할 수 있도록 설정한 한계선이란 무엇입니까?

한계선 - 시민불복종

첫째, 기독교인과 국가와의 궁극적인 관계입니다. 현대 물질주의적 세계관에 기초한 세대들이 국가에 복종하는 이유는 단지 그 국가가 강제력을 가지고 있거나 보호해 주기 때문입니다. 그러나 기독교인들은 그렇지 않습니다. 성경은 우리에게 국가의 권위가 하나님으로부터 나왔기 때문에 복종해야 한다고 명령합니다.

여기서 둘째 문제가 바로 뒤따릅니다. 그렇다면 하나님이 국가에 권위를 주셨다면 그 국가는 자율적입니까? 우리는 그 국가가 어떻든지간에 무조건 복종해야 합니까? 정말 인간이 모든 것들의 척도입니까? 결코 아닙니다. 삶의 다른 모든 영역들과 마찬가지로 국가도 하나님의 법 아래 있습니다. 이 타락한 세상에서 하나님은 우리를 타락의 자연스런 결과인 혼란으로부터 보호하기 위해 특정한 기관들, 즉 국가를 우리에게 주셨습니다. 그러나 어떤 기관이든지 하나님의 말씀에 반대되는 명령을 했을 때 그 기관의 권위는 사라지고 우리는 그것에 복종하지 말아야 합니다.

우리는 초대교회의 기독교인들은 이러한 문제로 인해 국가에 불복종했기 때문에 죽음을 당했다는 것을 알아야 합니다. 사람들은 종종 초대교회들은 어떤 시민불복종도 보여 주지 않았다고 말합니다. 그러나 그들은 교회사를 잘 모르고 있습니다. 왜 로마 시대에 기독교인들이 사자에게 던져졌습니까? 기독교인들은 그 당시 기독교적 관점으로 그렇게 한 것뿐이지만 로마 정부의 관점에서 그들은 시민불복종을 하는 것으로 보였고 반역자로 보였습니다. 사실 로마 정부는 국민들이 무엇을 믿든지 상관하지 않았습니다. 어떤 종교든간에 믿을 수 있고 무신론자가 될 수도 있었습니다. 그러나 그들은 먼저 로마 정부에 충성의 표시로 황제를 경배한 후에야 다른 것도 경배할 수 있었습니다. 그 당시 기독교인들은 "살아계신 하나님 외에는 어떤 것도 경배하지 않는다"고 말했습니다. 그것은 로마 정부에 대한 반역이요 불복종이었습니다. 이것이 그들이 사자에게 던져진 이유입니다.

더 나아가서 종교개혁이 성공한 거의 모든 곳에서는 시민불복종과 무력사용까지도 있었습니다. 종교개혁이 성공한 거의 모든 나라에서는 종교적 차원의 불순종뿐만 아니라 실제로 시민불복종이 있었다는 말입니다. 일찍이 루더포드는 "법이 왕이다. 국왕도 법에 복종치 않는다면 우리는 왕에 불복종해야 한다"고 말했던 것입니다. 여기서 법이란 하나님의 법을 의미합니다.

대부분의 사람들이 루더포드의 *Lex Rex*가 오랫동안 영국과 스코틀랜드에서 금서(禁書)였다는 것을 모르고 있습니다. 한번은 스코틀랜드 의회가 루더포드에게 사형을 선고하기 위해 모였습니다. 그러나 그가 반역자로 선고를 받지 않은 유일한 이유는 그가 선고를 받기 전에 죽었기 때문입니다.

로크는 어떻습니까? 그는 *Lex Rex*를 세속화시켰으며 그 강조점은 네 가지로 요약됩니다. 그 위에 제퍼슨이 서 있었습니다. 그 네 가지는 1) 양도불가분의 권리 2) 여론에 의한 정부 3) 권력 분립 4) 시민불복종의 권리(혁명의 권리)입니다. 이 네 가지는 로크를 따른 미국 건국자들 사이에서 실천되었습니다.

위더스푼과 같은 미국의 건국자들은 루더포드의 책과 로크에 대해 잘 알고 있었습니다. 기독교적 법정신과 정치 원리를 알고 있었던 것입니다. 그들은 적어도 오늘날의 정치가나 법률가들처럼 완전히 인본주의로 돌아서지는 않았습니다. 그들은 때가 되면, 처음부터 가장 높은 단계로 시작하는 것이 아니라, 각 단계에 적절한 시민불복종을 해야 한다고 믿었던 것입니다.

이런 것들에 대해 말할 때 저는 두 가지 이유에서

두렵습니다. 첫째, 우리가 이런 것들에 대해 말할 때 신정국가(神政國家)와 같은 것을 말하고 있는 것이 아니라는 것을 분명히 해야 합니다. 루더포드, 제퍼슨, 위더스푼과 특히 미국 건국자들은 신정국가와 같은 것은 생각지도 않았습니다. 이것은 첫번째 헌법개정을 보면 알 수 있습니다. 둘째, 제가 시민불복종과 관련해서 말할 때 두려운 이유는, 우리에게 많은 괴짜들이 있기 때문입니다. 사람들은 타락한 세상에 대해 항상 무책임합니다. 그러나 우리는 오늘날 특별히 무책임한 사람들의 시대에 살고 있습니다. 그런 사람들은 적당한 때와 장소, 적당한 방법을 고려해야 하는 것과는 정반대로 불균형하게 행동하는 경향이 있습니다. 무정부주의는 결코 적절치 않습니다. 중요한 것은 미국 건국자들과 종교개혁자들이 알았고 실천했던 정부의 원리들을 바꾸지 않는 것입니다. 또한 그때 그때마다 적절한 단계를 취하는 시민불복종의 가능성을 생각할 필요가 있다는 것입니다.

앞에서 말한 노예제도 폐지의 필요성에 관해 '한계선'을 가르쳤던 블랜처드와 피니를 기억해야 합니다.

저는 여기서 얼마나 미국 건국자들이 주의 깊게 루더포드가 세운 원리, '적절한 단계를 가진 시민불복종'을 따랐는지를 다 말씀드릴 시간이 없습니다.

그들은 놀라울 정도로 똑같이 루더포드의 생각을 따랐으며 13개 주에서 일어난 시민불복종 운동은 독립전쟁을 거쳐서 미국 건국의 기초가 되었습니다. 만약 초기 건국자들이 '한계선' — 실용주의적인 것이 아닌 하나의 원리로서의 한계선 — 에 관한 인식이 없었다면 미국이라는 나라는 없었을 것입니다.

다음에서 제가 말하고자 하는 문장에 주의를 기울이기를 원합니다. "만약 시민불복종과 같은 한계선이 없었다면 국가는 자율적이 되었을 테고 살아 계신 하나님의 자리를 차지했을 것입니다." 이것은 절대적으로 자명한 이치입니다. 만약 시민불복종과 같은 한계선이 없다면 국가는 자율적이 되고 하나님의 자리를 차지하게 됩니다. 왜냐 하면 만약 국가가 로마황제 시저에게 경배하라고 말한다면 불순종할 것을 준비하고 있어야 하기 때문입니다. 이것이 초대 기독교인들이 불복종을 할 때 가지고 있었던 생각입니다.

이 모든 것이 오늘날 우리에게 실제적으로 무슨 의미가 있습니까? 글쎄요. 저는 여러분이 처한 상황을 확실하게는 모릅니다. 그러나 제가 확신하는 바는 오늘날 우리에게 이것이 의미하는 것은, 현재 우리는 실재에 대한 잘못된 가치관 때문에 너무 어리석게도 단편적인 것들에 집중하였고 배후에 있는 총체적인 세계관을 보는 데 완전히 실패하였다는 것입

니다. 우리는 이러한 세계관이 우리의 삶과 전혀 다
르고 잘못된 비인간적인 결과를 낳는다는 것을 이해
하지 못했습니다. 특히 법과 정부에 대해서는 더욱
더 그렇습니다. 여기서 법과 정부는 이런 세계관의
잘못된 생각들과 결과들을 사람들에게 강요하는 도
구가 되었습니다.

이제 우리는 만약 어떤 국가 기관이라도 하나님의
법에 반대하는 것을 명령한다면 그 기관의 권위는
소멸된다는 것을 깨달을 때입니다. 이런 법을 주신
하나님께 대한 우리의 충성은 우리가 권력의 독재적
인 횡포에 적절한 단계를 취하여 반응할 것을 요구
합니다.

루더포드는 틀리지 않았습니다. 그는 옳았습니다.
그는 단지 17, 18세기뿐만 아니라 오늘날에도 옳습
니다. 지금까지 우리는 지금 열려 있는 창문이 닫힐
것이라는 가능성을 중요하게 고려해 왔지만, 더욱
중요한 것은 창구가 열려 있는 것을 이용해야 한다
는 것입니다. 창구가 열려 있을 동안에 우리는 물
질, 에너지, 우연에 의한 존재양식을 궁극적인 실재
로 보는 세계관의 결과들을 격퇴하려고 노력해야 합
니다. 우리는 이런 세계관이 상대주의적이고 그릇될
뿐만 아니라 비인간적이기까지 한 결과들을 필연적
으로 산출할 것이며 이것은 다른 사람들뿐만 아니라
우리 자녀와 손자들, 우리의 영적 자녀들에게 영향

을 줄 것이라는 사실을 깨달아야 합니다.

그 다음에는 또 다른 한 가지 요소를 더 고려해야
합니다. 성경의 권위 아래에 사는 기독교인들로서
필요한 법적, 정치적 입장을 취하는 동시에 모든 가
능한 기독교적 대안(對案)을 실천해야 한다는 것입
니다. 「인간, 존엄한 생명」에서 우리는 낙태, 유아살
해, 안락사에 관해서 기독교인들이 이런 문제에 대
항하여 말하고 싸울 뿐만 아니라 기독교적 대안을
제시해야 한다고 강조하였습니다. 이것은 단지 낙태
나 유아살해, 안락사에 대해서만 실천해서는 안 됩
니다. 이것은 모든 영역에 걸쳐 실천해야 합니다.
이런 기독교적 대안의 실천이 특히 돈과 시간과 노
력의 대가를 혹독하게 치러야 하는 때에는 더욱 그
러합니다. 실제적인 예로서, 노동쟁의 중재(勞動爭
議 仲裁) 서비스를 위해 설립된 '기독교 법사회
(Christian Legal Society)'는 좋은 기독교적 대안
이라고 말할 수 있습니다. 많은 곳에 설립된 '위기
임신센터(Crisis Pregnancy Center)'도 적절한 기
독교적 대안입니다.

우리는 인간의 문제들에 대한 우리 사회와 정부의
잘못된 해결방법에 법적으로 정치적으로 대항하면서
모든 영역에서 이런 기독교적 대안들을 실천해야 합
니다. 우리는 물질주의적 인본주의에 의해 야기되는
비인간적인 것과 대조되는 삶을 통해 진정한 의미에

서 기독교적 인본주의자가 되어야 합니다. 우리의
기독교적 대안이 예수님이 오시기 전까지는 완전하
지는 않지만 실제적인 치유책을 소유하고 있다는 것
을 보여 줘야 합니다.

어떤 이들은 이렇게 말할지 모릅니다. "법적, 정
치적 수단을 사용하지 말고 단지 기독교적 대안들만
을 보여 주시오." 그러나 이것은 오늘날 우리가 살
고 있는 세상과 같은 타락한 곳에서는 순전히 낭만
적인 생각입니다. 반면에 어떤 이들은 이렇게 말합
니다. "기독교적 대안을 보여 줄 필요 없이 단지 정
치적, 법적 수단들만 사용하자." 그러나 이것은 한
층 더 비극적입니다. 우리는 이 두 가지, 즉 정치적,
법적 수단 사용과 기독교적 대안 실천을 동시에 해
야 합니다.

다음의 말로 이제 강연을 마치고자 합니다. "만약
우리가 성경에 명령되어 있는 기독교적 대안들을 실
천하지 않는다면 우리는 성경대로 살고 있는 것이
아니다. 그리고 만약 우리가 적절한 단계에서 정치
적, 법적 수단으로서 시민불복종의 한계선을 실천하
지 않는다면 역시 성경대로 살고 있는 것이 아니
다."

라브리 안내

라브리란?

라브리선교회(L'Abri Fellowship)는 국제적인 기독교 공동체 및 연구소입니다. "라브리(l'abri)"는 불어로 "피난처"란 뜻이며, 라브리선교회는 인생의 갈림길에서 부딪히는 온갖 문제의 대답을 찾기 위해 누구나 잠시 머물렀다 갈 수 있는 영적 피난처입니다. 프란시스 쉐퍼 박사 부부 (Francis & Edith Schaeffer)가 1955년에 스위스의 알프스 산기슭 위에모(Huemoz)란 동네에서 라브리를 시작한 이래로 현재는 전세계에 일곱 군데의 합숙 연구소와 세 군데의 자료센터가 운영되고 있습니다.

라브리의 기본 철학

라브리는 기독교인이나 비기독교인이나 누구든지 찾아올 수 있으며, 사고하는 것 뿐만 아니라 인간 생활 전체에 관심을 가지고 있습니다. 라브리의 기본적인 목적은 찾아오는 사람들이 안고 있는 고민에 대한 대답을 찾도록 도와주어 기독교의 하나님이 살아 계심과 그 분의 말씀이 진리라는 사실을 드러내는 것입니다. 이것은 기독신앙의 실체와 매력을 균형 있게 발견하도록 돕는 사역을 말합니다. 물론 라브리가 이러한 일을 완벽하게 수행한다고 말하는 것은 아닙니다. 다만 주 예수님을 믿고 성령님의 능력을 의지하며 성경을 바르게 가르치고자 최선을 다하고 있습니다.

라브리의 기본적인 입장은, 역사적이고 성경적인 기독교가 진리(眞理)라는 것과 그것이 사실임을 알 수 있다는 것입니다. 그러기에 라브리는 "무조건 믿으라"는 말을 하기보다 먼저 학생들의 질문과 문제들을 신중하게 논의합니다.

라브리는, 기독교가 진리라면 그것은 종교적인 영역뿐만 아니라 우주와 역사 그리고 인간 생활의 모든 영역에 있어서도 정직한 대답을 준다고 믿습니다. 그래서 라브리는 "정직한 질문에 정직한 대답"을 주려고 노력합니다. 이것은 종교, 역사, 심리학, 교육, 정치, 사회 등 현대 인간 생활의 모든 영역에서 라브리가 기독교적인 세계관을 가지고 돕는다는 뜻입니다.

성경적인 기독교는 종교나 이념이 아니라, 죄인들을 위한 구원의 복음이며, 만물의 존재 양식에 부합하는 진리입니다. 이와 같은 철학은 다음의 세 가지를 강조합니다.

1. 영적 실체는 일상 생활의 전 영역에서 순간순간 과시되어야 한다.
2. 성경적인 세계관은 모든 인간 지식과 상관성을 가진다.
3. 사회적인 윤리, 즉 사랑과 공의는 공동체 안에서 실천되어야 한다.

한국라브리 연락처

주소: (215-814) 강원도 양양군 서면 논화리 169-6
전화: 033-673-0037
전자우편: korea@labri.org

라브리 작은책 시리즈는
작지만 큰 진리를 담고 있습니다.

라브리 작은책 ④
기독교와 정부 그리고 시민불복종
미국의 정치적 · 세계관적 변화를 중심으로

지은이
프란시스 쉐퍼
옮긴이
김종철
초판 1쇄 펴낸 날
1994년 8월 30일
초판 2쇄 펴낸 날
2003년 11월 20일
펴낸이
김승태
편집인
성인경
편집 · 교열
김은주, 최창숙, 유미나, 한윤순, 강진희
표지디자인
강민주
홍보
최설란
영업
변미영, 윤원태, 이경훈, 오세현, 장춘기, 최장용
등록번호
제2-1349호(1992. 3. 31)
펴낸 곳
예영커뮤니케이션
주소
110-616 서울 광화문우체국 사서함 1661
전화
출판유통사업부 (02)766-7912, 출판사업부 (02)766-8931
팩스
(02)766-8934
값
700원
ISBN
89-85313-84-3 03230
ⓒ L'Abri Fellowship